AF388807

CATÉCHISME NATIONAL

FRANCAIS.

CATÉCHISME NATIONAL

FRANÇAIS.

PAR LA CHABEAUSSIÈRE.

> Un Code moral serait le livre
> le plus utile aux hommes.
> J.-J. Rousseau.

PARIS,

DE L'IMPRIMERIE D'AUGUSTE BARTHÉLEMY,
RUE DES GRANDS-AUGUSTINS, N° 10.

1825.

PRÉFACE.

J.-J. ROUSSEAU A VOLTAIRE,

LE 18 AOUT 1756.

Il y a je l'avoue, une sorte de profession de foi
que les lois peuvent imposer; mais, hors les principes
de la morale et du droit naturel, elle doit être pure-
ment négative, parce qu'il peut exister des religions
qui attaquent les fondemens de la société, et qu'il
faut commencer par exterminer ces religions pour
assurer la paix de l'État. De ces dogmes à proscrire,
l'intolérance est sans difficulté le plus odieux; mais il
faut la prendre à sa source; car les fanatiques les plus
sanguinaires changent de langage selon la fortune, et
ne prêchent que patience et douceur quand ils ne sont
pas les plus forts. Ainsi j'appelle intolérant par prin-
cipe tout homme qui s'imagine qu'on ne peut-être
homme de bien sans croire tout ce qu'il croit, et
damne impitoyablement ceux qui ne pensent pas
comme lui. En effet les fidèles sont rarement d'hu-
meur à laisser les réprouvés en paix dans ce monde,
et un saint qui croit vivre avec des damnés anticipe
volontiers sur le métier du diable. Quand aux incré-
dules intolérans qui voudroient forcer le peuple à ne
rien croire, je ne les bannirois pas moins que ceux
qui veulent forcer à croire tout ce qu'il leur plaît; car
on voit au zèle de leurs décisions et à l'amertume de
leurs satires, qu'il ne leur manque que d'être les
maîtres pour persécuter tout aussi cruellement les

croyants qu'ils sont eux-mêmes persécutés par les fanatiques. Où est l'homme paisible et doux qui trouve bon qu'on ne pense pas comme lui? Cet homme ne se trouvera sûrement jamais parmi les dévôts , et il est encore à trouver parmi les philosophes.

Je voudrois donc qu'on eût dans chaque état un code moral , ou une espèce de profession de foi civile qui contînt positivement les maximes sociales que chacun seroit tenu d'admettre , et négativement les maximes intolérantes qu'on seroit tenu de rejeter , non comme impies , mais comme séditieuses , ainsi toute religion qui pourroit s'accorder avec le code seroit admise, toute religion qui ne s'y accorderoit pas seroit proscrite, et chacun seroit libre de n'en avoir point d'autre que le code même. Cet ouvrage fait avec soin, seroit ce me semble, le livre le plus utile qui jamais ait été composé, et peut-être le seul nécessaire aux hommes. Voilà monsieur un sujet pour vous ; je souhaiterois passionnément que vous voulussiez entreprendre cet ouvrage et l'embellir de votre poésie, afin que chacun pouvant l'apprendre aisément, il portât dès l'enfance, dans tous les cœurs, ces sentimens de douceur et d'humanité qui brillent dans vos écrits et qui manquent à tout le monde dans la pratique. Je vous exhorte à méditer ce projet qui doit plaire à l'auteur d'*Alzire*. Vous nous avez donné, dans votre poëme sur la Religion naturelle, le Catéchisme de l'homme; donnez-nous maintenant dans celui que je vous propose, le Catéchisme du citoyen. C'est une matière à méditer long-temps et peut-être à réserver pour le dernier de vos ouvrages, afin d'achever, par un bienfait au genre humain, la plus brillante carrière que jamais homme de lettres ait parcourue.

CATÉCHISME NATIONAL
FRANÇAIS.

———

1. *Qui êtes-vous ?*

Homme libre, Français et Théiste par choix :
Né pour aimer mon frère et servir ma Patrie ;
Vivre de mon travail ou de mon industrie ;
Abhorrer l'esclavage et me soumettre aux lois.

2. *Qu'est-ce que le Théisme ?*

Un sentiment d'amour et d'admiration ,
Qui nous fait adorer l'auteur de la nature ;
Quand la philosophie démasquant l'imposture,
Offre la vérité aux yeux de la raison.

3. *Qui vous a créé ?*

Celui dont le pouvoir à tout fait en tout lieu,
Le ciel, les élémens, les animaux, les hommes,
Les astres , la lumière, et le globe ou nous sommes :
J'y crois en l'admirant, et je l'appelle Dieu.

4. *Qu'est-ce que Dieu ?*

Je ne sais ce qu'il est ; mais je vois son ouvrage :
Tout à mes yeux surpris annonce sa grandeur :
Mon esprit trop borné n'en peut tracer l'image :
Il échappe à mes sens ; mais il parle à mon cœur.

5. *Comment faut-il honorer Dieu ?*

L'ordre de l'univers atteste sa puissance ;
Tout est pour les humains, ou merveille ou bienfait.
Son culte est le respect et la reconnaissance :
L'hommage qu'il préfère est le bien que l'on fait.

6. *Qu'est-ce que la vie?*

Chaque pas, du berceau nous conduit au cercueil ;
C'est la route prescrite : on y voit maint écueil.
L'homme qui la parcourt d'un œil sûr, d'un pas ferme
En embellit l'espace, et n'en craint pas le terme.

7. *Qu'est-ce que la mort ?*

Le repos des douleurs , le seuil d'une autre vie ;
Un instant que craint seul l'homme lâche ou pervers ;
Désirable, s'il sauve ou l'opprobre ou les fers;
Glorieux s'il devient utile à la Patrie.

8. *Qu'est-ce que l'âme?*

Je n'en sais rien ; je sais que je sens , que je pense,
Que je veux, que j'agis, que je me ressouviens;
Qu'il est un être en moi qui hors de moi s'élance ;
Mais j'ignore ou je vais, et ne sais d'où je viens.

9. *L'âme est-elle immortelle ?*

Tout change sans périr , l'âme est donc immortelle :
L'âme survit entière au corps décomposé ;
J'en ressens le désir ; Dieu m'eût-il abusé ?
Pour si tôt la détruire , eût-il tout fait pour elle?

(5)

10. *Quel est le sort qui nous attend après la mort ?*

Des prix pour la vertu! des peines pour le crime!
C'est le frein du méchant, l'espoir du malheureux,
La consolation du juste qu'on opprime.
Espérons dans le doute et soyons vertueux.

11. *Qu'est-ce que la vertu ?*

Remplir tous ses devoirs, craindre et fuir tous les vices
N'est point encore assez pour le bon citoyen;
En faisant ce qu'on doit on est homme de bien;
Mais on n'est vertueux que par des sacrifices.

12. *Comment un sacrifice est-il méritoire ?*

S'il sert à la Patrie, à la société:
Toute œuvre, sans ce but, est une œuvre stérile,
Pour être vertueux, servons l'humanité;
Le sacrifice est nul, quand il n'est pas utile,

13. *Comment distinguer le bien du mal ?*

Dieu mit pour diriger notre inexpérience
Près de nos sens grossiers un sens plus délicat;
Il suit nos mouvemens, les guide ou les combat:
C'est la raison qui parle à notre conscience.

14. *Qu'est-ce que la conscience ?*

C'est cette voix secrète, et cet instinct suprême,
Qui de la volonté précède et suit l'effet.
Qui l'écoute est toujours en paix avec lui-même,
Et qui veut le tromper y trouve son arrêt.

(4)

15. *N'avons-nous pas des passions? qu'elle en est la source?*

Le plaisir , la douleur, la crainte et l'espérance ,
Sont les instigateurs de tous nos mouvemens ;
Leur borne est la raison , leur frein la tempérance ;
Au-delà c'est désordre ; ils deviennent tourmens.

16. *N'est-ce pas Dieu qui nous donna nos passions ?*

Oui , pour notre salut , Dieu nous donna sans doute
Le désir d'être heureux , la crainte de souffrir ;
Mais un faux bien qu'on aime, un faux mal qu'on redoute,
Nous en ferment la voie, au lieu de nous l'ouvrir.

17. *Comment définissez-vous les passions ?*

La révolte des sens , d'immodérés désirs
Du feu céleste en nous obscurcissant la flamme ,
Détruisant, en tyrans, la liberté de l'âme, '
Et menant aux regrets par l'appas des plaisirs.

18. *Pourquoi l'Être suprême mit-il en nous les passions auprès de la raison ?*

D'un char à deux coursiers l'âme est comme le guide ;
L'un est paisible et doux, l'autre vif et fougueux ;
L'un attend l'aiguillon, l'autre appelle la bride ;
L'un a besoin de l'autre et le char de tous deux.

19. *N'eût il pas mieux valu ne pas nous donner de si grands ennemis ?*

S'il fit mes ennemis, il les fit pour ma gloire ;
Pour les vaincre, il m'a mis les armes à la main ;

Si je sais m'en servir le triomphe est certain ;
Le péril du combat embellit la victoire.

20. *Comment éviter les surprises ?*

La raison fait toujours exacte sentinelle :
A son premier appel armons-nous aussitôt ;
Signalons le tyran ; frappons-le au premier mot,
Et de peur d'incendie étouffons l'étincelle.

21. *Quelles sont les vertus principales ?*

Soyons justes, prudens, tempérans , courageux ;
De ces quatre vertus naîtrons toutes les nôtres ;
De la société l'une affermit les nœuds ;
Le bonheur personnel est le prix des trois autres.

22. *Quels vices leur sont opposés? quel en est le danger?*

La haine universelle attend l'iniquité :
Le malheur est souvent le fruit de l'imprudence ;
Les douleurs et la mort suivent l'intempérance ,
Et le mépris public poursuit la lâcheté.

23. *Que prescrit la justice ?*

Ne fais à nul mortel ce que tu crains pour toi ;
Religieusement garde toujours ta foi ;
Sois bienfaisant par goût , sans vouloir le paraître ;
Ne crois point aux ingrats , et garde toi de l'être.

24. *A quoi sert la prudence?*

La prudence avertit, fait prévoir et choisir,
Affaiblit les dangers, prépare les ressources ;
Maîtrise les hasards, en démêle les sources,
Garantit le présent et fonde l'avenir.

25. *Qu'est-ce que la tempérance ?*

Savoir régler ses goûts, modérer ses besoins.
Qui fuit l'excès jouit et mieux et davantage :
Le plus sage est celui qui désire le moins ;
L'abus même du bien en corromprait l'usage.

26. *Qu'est-ce que le courage ?*

Ce n'est ni la froideur, ni la témérité ;
Mais bravons de sang-froid un danger nécessaire ;
Supportons les revers avec tranquillité ;
Savoir les dominer c'est presque s'y soustraire.

27. *Quels sont les vices principaux où nous entraî-
nent nos passions ?*

La colére, l'orgueuil, l'avarice, l'envie
Faux calculs de l'esprit, écarts de la raison.
Il en est deux plus vils par leur combinaison ;
Ce sont ceux du mensonge et de l'hypocrisie.

28. *Le mensonge est donc un grand mal ?*

Le menteur s'avilit et renonce à l'estime ;
On ne croit plus quiconque aura menti deux fois :

A la vérité seule on doit prêter sa voix ,
Tout mensonge est un tort et s'il nuit c'est un crime.

29. Qu'est-ce que l'hypocrisie ?

De la corruption c'est le degré suprême ,
Qui prend pour se masquer le dehors des vertus ,
Mais tôt ou tard il perce et se trahit lui-même.
L'art de masquer le vice est un vice de plus.

30. Qu'est-ce que la colère ?

La colère est l'accès d'une courte démence :
Il égare l'esprit, fausse le jugement,
Honteux , s'il est l'effet d'un premier mouvement ,
Il devient criminel s'il mène à la vengeance.

*31. Quel est l'inconvénient et le préservatif de l'or-
gueil?*

Trop d'estime de soi mène au mépris d'autrui,
Nuit même au vrai mérite et fait douter de lui ;
Le vrai moyen d'atteindre au plus haut point de gloire ,
C'est d'y toujours prétendre et ne jamais s'y croire.

32. Qu'est-ce que l'avarice ?

L'avare veut gagner, et c'est pour enfouir ;
Dur , chagrin, inquiet, toujours dans les alarmes ,
Il vit sans vivre et meurt sant arracher de larmes ;
La soif de posséder détruit l'art de jouir.

33. *Qu'est-ce que l'envie?*

De l'émulation distinguez bien l'envie;
L'un admire un succès et veut le surpasser;
L'autre en fait son poison et voudrait l'effacer.
L'une mène à la gloire, et l'autre à l'infâmie.

34. *La paresse n'est-elle pas aussi un vice ?*

Dans le corps social chaque membre placé
S'il n'a part aux travaux n'a droit aux bénéfices :
La paresse bientôt conduit à tous les vices ,
L'homme oisif est souvent un méchant commencé.

35. *Quels sont les différens états auxquels l'homme est appelé? que doit-il être ?*

Bon citoyen, bon fils , bon époux et bon père ;
Titres saints ! trop heureux qui peut tous vous porter!
Que de soins de devoirs font votre ministère!
C'est en les remplissant qu'il faut vous mériter.

26. *Quels sont les devoirs généraux du bon citoyen?*

A son pays on doit ses facultés entières ;
Secours aux malheureux, obéissance aux lois.
A ses frères des soins, au monde ses lumières.
Qui trahit ses devoirs perd à l'instant ses droits.

37. *Quels sont les droits du citoyen ?*

De librement penser , croire, agir, s'exprimer ;
De posséder les fruits que son travail lui donne ,

D'être sûr dans ses biens et sûr dans sa personne,
Et d'opposer sa force à qui veut l'opprimer.

38. *Qu'est-ce que la liberté ?*

Dieu fit la liberté : c'est son plus bel ouvrage ;
Mais il faut des cœurs purs pour goûter ses bienfaits.
A l'autel des vertus épurons notre hommage,
Adorons la toujours ne la souillons jamais.

39, *La liberté donne donc le droit de tout faire ?*

La liberté n'est pas ce penchant de nature,
De repousser tout frein de haïr tout pouvoir :
Elle est le droit d'agir comme on doit le vouloir,
Sa justice est sa règle, et la loi sa mesure.

40. *La propriété est donc un droit sacré ?*

Ne désirons jamais ce que possède un autre :
Respectons, défendons et sa vie et ses biens :
La sûreté d'autrui nous garantit la nôtre :
Blesser les droits d'un seul, c'est annuler les siens.

41. *Comment le faible peut-il résister au plus fort ?*

L'Éternel qui nous fit d'inégale mesure,
Inégaux en talens, en force, en facultés,
Lui-même a réparé ces inégalités,
Et l'ordre social corrige la nature.

4**2**. *Comment le corrige-t-il?*

Un pacte dont le nœud unit la masse entière
Du grand nombre au moins grand oppose la barrière ;
Fort de l'appui de tous, le faible, par les lois
Inégal en moyens, devient égal en droits.

43. *Qu'est-ce que la loi?*

La volonté de tous, la règle universelle,
L'effroi des malfaiteurs, l'appui des innocens.
Respect aux magistrats ses organes puissans!
Sitôt qu'elle a parlé, courbons-nous devant elle.

44. *Qu'est-ce que la Charte, ou Constitution?*

Le garant de nos droits , de notre volonté :
De nos mœurs, nos devoirs, la règle et la mesure.
Veillons avec ardeur à la conserver pure!
C'est le palladium de notre liberté.

45. *Quel est le resumé des devoirs généraux de l'homme
en société?*

Crains Dieu , sers ton pays et chéris ton semblable :
Respecte le malheur , honore les vieillards ;
Admire les talens et rends hommage aux arts.
Sans l'outrager surtout plains un frère coupable.

46. *Suffit-il d'être accusé pour être un coupable?*

Le soupçon quelquefois planc sur l'innocence ;
Suspends tout jugement jusqu'à l'arrêt légal :

Ne condamne jamais sur la simple apparence,
Sois prompt à croire au bien et lent à croire au mal.

47. *Quelles sont les qualités sociales et occupations qui doivent distinguer le bon citoyen ?*

Etre bon, juste et franc, repousser sans pitié
L'égoïsme, l'intrigue et toute tyrannie ;
Cultiver avec soin, pour embellir sa vie,
L'amour de son pays, l'étude et l'amitié.

48. *Qu'est-ce que l'amour de son pays ou le patriotisme ?*

Un mouvement sublime, un élan plein de flamme,
Dont le vrai citoyen sent son cœur transporté :
Lui seul fait les héros, exalte, agrandit l'âme :
C'est l'enfant de l'honneur et de la liberté !

49. *A quoi sert l'étude ?*

L'étude instruit l'enfance, embellit la vieillesse,
Augmente le bonheur ; console en la détresse :
Et contre l'ignorance armant la vérité,   ·
Aux pièges de l'erreur oppose sa clarté.

50. *L'ignorance est donc nuisible ?*

Tous les maux de la terre ont été son ouvrage !
Elle a produit l'oubli, l'abandon de nos droits,
Servi le fanatisme, enfanté l'esclavage,
Dégradé la nature et profané ses lois.

51. *Qu'est-ce que l'amitié ?*

Un sentiment fondé sur les plus doux rapports,
Flatteur pour qui l'inspire, heureux pour qui l'éprouve.
Où l'on rend à son tour le charme qu'on y trouve
L'amitié partagée est une âme en deux corps.

52. *Quels sont les devoirs des enfans envers les auteurs
de leurs jours ?*

Docilité, respect, soins et reconnaissance :
Mes enfans pour moi-même en auront à leur tour.
Puis-je autrement payer que par un saint amour
Tous les maux qu'à ma mère a coûté ma naissance.

53. *Quels sont les devoirs réciproques des époux ?*

Estime mutuelle, égards et complaisance :
Communauté de soins, de travail, de plaisir;
Égalité de droits, rapports de confiance :
C'est pour se rendre heureux qu'on a dû se choisir.

54. *Quels sont les devoirs des pères et mères et des ins-
instituteurs ?*

Tracer aux jeunes cœurs les routes du devoir ;
Au civisme, aux vertus y préparer des temples :
Par la douce amitié tempérer le pouvoir,
Et joindre à ses leçons l'ascendant des exemples.

55. *Quels sont les devoirs des maîtres envers leurs ser-
viteurs ?*

Mon semblable forcé de me vendre ses soins,
Attend de moi douceur, égard, raison, justice ;

(13)

Contre un or superflu, j'échange un long service
Dans ce troc inégal, c'est moi qui donne moins.

56. *Quels sont ceux du serviteur envers son maître ?*

Qu'il soit sûr, vigilant,, sobre, actif, circonspect,
Aucun devoir n'est vil, le vice seul peut l'être :
Un valet vicieux n'est qu'un esclave abject ;
Un serviteur honnête est l'égal d'un bon maître.

FIN.

9 782329 573052